BEI GRIN MACHT SICH IHR
WISSEN BEZAHLT

- Wir veröffentlichen Ihre Hausarbeit,
  Bachelor- und Masterarbeit

- Ihr eigenes eBook und Buch -
  weltweit in allen wichtigen Shops

- Verdienen Sie an jedem Verkauf

Jetzt bei www.GRIN.com hochladen
und kostenlos publizieren

Bibliografische Information der Deutschen Nationalbibliothek:

Die Deutsche Bibliothek verzeichnet diese Publikation in der Deutschen National-bibliografie; detaillierte bibliografische Daten sind im Internet über http://dnb.d-nb.de/ abrufbar.

Impressum:

Copyright © 2017 GRIN Verlag
Druck und Bindung: Books on Demand GmbH, Norderstedt Germany
ISBN: 9783668648821

Dieses Buch bei GRIN:

https://www.grin.com/document/413964

Hilkka Alaviuhkola

Möglichkeiten des Fremdsprachenunterrichts zum Thema Gender und Trans*

GRIN Verlag

GRIN - Your knowledge has value

Der GRIN Verlag publiziert seit 1998 wissenschaftliche Arbeiten von Studenten, Hochschullehrern und anderen Akademikern als eBook und gedrucktes Buch. Die Verlagswebsite www.grin.com ist die ideale Plattform zur Veröffentlichung von Hausarbeiten, Abschlussarbeiten, wissenschaftlichen Aufsätzen, Dissertationen und Fachbüchern.

Besuchen Sie uns im Internet:

http://www.grin.com/

http://www.facebook.com/grincom

http://www.twitter.com/grin_com

Modul 6: Aufbaumodul Fachdidaktik

Problemfelder des Fremdsprachenlehrens- und –lernens:
„Queer Children's and Young Adult Literature in the EFL Classroom"

Hausarbeit:

**Welche Möglichkeiten bietet der Fremdsprachenunterricht für das Thema
Gender und Trans* ?**

Hilkka Alaviuhkola

Studiengang: Master of Education (2015 Gymnasium)

Bildende Kunst und Englisch

Die öffentliche Präsenz von Gender und Trans*, also von Personen, die nicht den Normen von Zweigeschlechtlichkeit und Heterosexualität entsprechen, hat in den letzten Jahren stetig zugenommen und ist heutzutage ein gegenwärtiges Thema in den Medien. Der alljährlich stattfindende Christopher Street Day in Berlin, Conchita Wursts Sieg bei dem Eurovision Songcontest, Bruce Jenner, der Vater[#] der berühmten Jenners, der sich öffentlich dazu bekannte, jetzt eine Frau zu sein, und als Frau wahrgenommen werden möchte, sind alles Beispiele wie sehr das Thema Gender und Trans* in der heutigen Welt und in den Medien bereits Einzug genommen hat. Dennoch scheint es ein Thema zu sein, welches immer wieder für Gesprächsstoff führt, mit Unverständnis zu tun hat und viele Fragen aufkommen lässt.

Durch meinen Job als Flugbegleiterin, habe ich dieses Thema und Fragen hierzu schon an eigenem Leibe miterleben dürfen, hier eine kurze Szene aus dem Tag.

*Es war der erste Arbeitstag meiner neuen Kollegin, der Name auf dem Dienstplan lautet Kalid. Auch wenn es sich hierbei nicht um einen Namen handelt der mir unbedingt geläufig war, meinte ich es sei ein arabischer Männername. Ich kam an diesem Tag in den Crewraum und an meinem Tisch stand eine große, hübsche arabischaussehende Frau. Da ich als Senior (Kabinenchef) tätig war, stellte sie sich mir sofort vor. Ihr Name sei „Kali", das D sollte man nicht aussprechen. Da sie als extra Kabinenpersonal an Bord war, fragte ich die Piloten, ob es für sie in Ordnung sei, dass Kalid für einen Start und eine Landung im Cockpit dabei ist. Für neue Kabinenbesatzungsmitglieder, da sie als Extra in der Kabine sind, ist es eine einmalige Möglichkeit einen Start und eine Landung im Cockpit miterleben zu dürfen, vorausgesetzt die Piloten erlauben es. Der Kapitän und der erste Offizier stimmten dem ohne Probleme zu. Dementsprechend war Kalid direkt für den ersten Start und auch die erste Landung (von insgesamt vier) im Cockpit. Auf dem zweiten Flug ging ich in das Cockpit um nach den Piloten zu schauen. Nach einem kurzen Plausch sagte der erste Offizier zu mir:
„What's the deal with her? "
Ich wußte in dem Moment ganz genau worauf er andeutete und fragte trotzdem nach:
„What do you mean?" und der Copilot antwortete etwas beschämend
„Well....You know, her voice is very deep, and she is very tall and has quite manly features...just look at her hands and her name is a male name. Is she **really** a woman?"
Ich fand die Frage von ihm sehr persönlich und gleichzeitig beschämend und dachte mir, warum sollte ich das beantworten, und woher soll ich es wissen, und antwortete:*
„Well, she is wearing a female uniform, and looks female to me, so I think she is a woman!"
„ Yeah … but you know what I mean."
„In my eyes she **is** a woman and she says she is a woman, so I don't actually care what she was before. And it is none of my business. If you are so curious you can ask her yourself."
Jetzt sehr beschämt entschuldigte er sich bei mir und sagte er hätte das nicht so gemeint. Ich verließ das Cockpit ohne ein Wort.

Diese Situation fand ich äußerst unangenehm, und denke mir, es soll doch jeder das Geschlecht sein, mit dem er oder sie sich identifiziert. Solche Fragen, gerade von jemanden, der Mitte 20 ist, in einer Branche arbeitet, in der viele Homosexuelle

---

[#] da es sich beispielhaft um die Vaterfigur der Jenners handelt, wir das Personalpronomen *er bzw. der* benutzt obwohl Bruce Jenner mittlerweile Caitlyn Jenner ist.

Menschen arbeiten, finde ich dennoch erstaunlich. Man merkt, dass das Thema Gender und Trans*, auch wenn es in den Medien präsent ist, immer noch ein Thema ist, welches mit nicht-verstehen zu tun hat und dass Transsexualität ein anderes ist als Homosexualität. Auch wenn Menschen heutzutage bereits sensibilisiert sind für andere Gesellschaftsmodelle, so ist oftmals das Toleranz- und Akzeptanzverhalten sehr oberflächlich und nur mäßig reflektiert. Gerade in Bezug auf den Umgang mit Minderheiten, wie das selbst-erlebte Beispiel mit dem Piloten zeigt.

Gerade durch seine Alltags- und Medienpräsenz heutzutage hat das Thema Gender und auch Trans* für Schüler*innen einen starken Lebensweltbezug bekommen und ist eine Lebenswirklichkeit geworden. Um Situationen, wie die meine mit dem Piloten, zu vermeiden, sollte das Thema auch seinen festen Bestandteil in der Schule bekommen, damit Vielfalt als selbstverständlich und als Bereicherung wahrgenommen wird. Die Schüler*innen sollten in der Schule dazu bestärkt werden, eine „auf der Grundlage der Achtung der Menschenwürde fundierte Haltung in Bezug auf den Umgang mit Unterschieden und Gemeinsamkeiten" (RLP Teil B 2017: 25) zu entwickeln.

Ein erster Schritt ist in Berlin mit dem neuen Rahmenlehrplan geschehen. Der neue Rahmenlehrplan von 2017 beinhaltet einen Teil B, der eine fachübergreifende Kompetenzentwicklung vorsieht. In diesem Teil B werden diverse übergreifende Themen aufgelistet und deren Wichtigkeit in Bezug zum Kompetenzerwerb genannt. Unter anderem werden auch die Themen *Sexualerziehung*, *Gleichstellung und Gleichberechtigung der Geschlechter* und *Bildung zur Akzeptanz von Vielfalt (Diversity)* aufgelistet, und sollen somit einen höheren Stellenwert in der Schule bekommen und in jedem Unterrichtsfach eine Bedeutung haben. (vgl. RLP Teil B 2017: 27f.)

Dementsprechend muss Gender und Trans* als Thema auch seinen Bestandteil im Fremdsprachenunterricht bekommen und welche Möglichkeiten es gibt im Rahmen des Fremdsprachenunterrichts mit der Thematik von Gender und Trans* umzugehen, sollen im Rahmen dieser Arbeit kurz erläutert werden.

Das Thema Gender und Trans* im Fremdsprachenunterricht

Das Thema Gender hatte in Vergangenheit der fremdsprachendidaktischen Forschung nur einen geringen Teil in den Diskussionen eingenommen, doch mittlerweile ist Gender als Thema auch in den unterrichtspraktischen Publikationen angekommen. (vgl. König 2018: 24f.) Dieses hängt wohl damit zusammen, dass die Vorstellungen von den Themen Gender und Trans* im Kontext des Fremdsprachenunterrichts durchaus viel Potenzial bieten, denn der Fremdsprachenunterricht ermöglicht genau diese Vorstellungen explizit zu thematisieren, und dadurch allgemeine Reflexionsprozesse bei den Schüler*innen anzuregen. Die Reflexionsfähigkeit mit der eigenen Toleranz und Akzeptanz wird gestärkt und auch neue, andere Perspektiven werden eröffnet.

Das Thema Gender und Trans* ist, bei Schüler*innen in der Sekundarstufe I und II, durch die Medien ein äußerst aktuelles aber auch für manche eine persönlich relevantes Thema, und bietet daher diverse Möglichkeiten es im Fremdsprachenunterricht aufzugreifen. Aushandlungen über Geschlechternormen, Hetero- und Homosexualität und auch Transsexualität bieten vor allen Dingen authentische Gesprächsanlässe. Denn diese Themen behandeln alle Identitätsfindung, ein Thema mit dem Schüler*innen während ihrer Pubertät generell konfrontiert aber auch vertraut sind. Um mit authentischem Material zu arbeiten, bieten sich kurze Erfahrungsberichte von LGBTQ Teenagern aus den USA an[1] um in die Thematik von Gender und Trans* einzusteigen. Die persönlichen Geschichten der Jugendlichen können als Grundlage genutzt werden um mit Schüler*innen Themen wie: *Was ist typisch männlich und was ist typisch weiblich?* oder *Was ist der Unterschied zwischen sozialem und biologischem Geschlecht?* zu thematisieren. (vgl. Merse 2015: 32f.) Durch die Nutzung von authentischen Unterrichtsmaterialien, gilt es, die Barriere, wenn es eine gibt, bei den Schüler*innen aufzulösen, und das Thema Gender und Trans* als Normalität anzusehen. Denn ein Anderssein wird sozial konstruiert und die soziale Ordnung erzeugt Probleme, die ohne sie keine wären. (vgl. König 2015: 4) Hierbei bieten die persönlichen Geschichten und Fotografien von der Website Analyse- und Reflektionsmöglichkeiten und tragen so zur Bildung von Akzeptanz bei.

---

[1] http://wearetheyouth.org/profiles/ – eine Website mit persönlichen Geschichten von LGBTQ Jugendlichen aus den USA

Der nahe Lebensweltbezug und auch die persönliche Relevanz des Themas Gender und Trans* birgt allerdings auch Gefahren. Denn bei Schüler*innen kann es zu Hemmungen und Berührungsängsten führen. Sie können dabei sogar eine Abwehrhaltung gegenüber der Auseinandersetzung mit dem Thema in der Klassengemeinschaft einnehmen. Eine Klassengemeinschaft ist nicht freiwillig ausgewählt, und hat daher nicht den Schutzraum für das freie Sprechen wie innerhalb des Freundes- oder Familienkreises. Auch wenn das Thema Gender und Trans* im Allgemeinen vielleicht Berührungsängste oder eine Abwehrhaltung erzeugen kann, kann der Zugang über die Fremdsprache vom Vorteil sein, denn „[...] durch die Fremdsprache werden Aushandlungen über Geschlecht häufig verlangsamt und in ihrer Komplexität reduziert, aber ihre Fremdheit kann auch eine Distanzierung von der Unmittelbarkeit der eigenen Sprachumgebung und damit ein freieres Sprechen als in der Erstsprache begünstigen." (König 2015: 4)

Da zumeist in der Fremdsprache die Ausdrucksbedeutung nicht so eng mit kultureller Bedeutung verknüpft ist, lassen sich bestimmte Begriffe die in der Muttersprache emotional besetzt oder tabuisiert sind, leichter verhandeln, denn die Kommunikation in der Fremdsprache ermöglicht eine Distanz zu der eigenen Sprache. „Das besondere Potenzial des Fremdsprachenunterrichts liegt in der Fremdsprachlichkeit. Geschlecht ist ein sensibles Thema, dass die Schüler*innen während der Schulzeit in der Pubertät persönlich betrifft. Die Bearbeitung des Themas in einer anderen als der Muttersprache begünstigt, die Selbst- und Normdistanzierung und eine Haltung der Öffnung für Fremdes" (Lewin 2015: 289). Dieses kann bedeuten, dass Schüler*innen ihre Haltungen und Muster, mit denen sie der Familien-, Freundeskreis oder die Medien beeinflusst haben, nicht direkt in die Fremdsprache übernehmen. Obwohl sie diese in der Erstsprache als „wahrhaftig" annehmen, da in der Erstsprache oftmals das weitererzählt wird, was einem selber mitgeteilt wurde, und die Reflexionsebene des Gesagtem bleibt aus. Die Fremdsprache hingegen ermöglicht eine Öffnung gegenüber dem Fremden. Die neue Haltung, die im Fremdsprachenunterricht übernommen wird, kann sich dementsprechend auch auf die eigene Lebenswelt zurückübertragen. Denn das vorher Fremde wird vorstellbar und vertraut und hierdurch einfacher in der eigenen Lebenswelt tolerier- und auch akzeptierbar. Zudem, wenn das Thema Gender und Trans* als eine kulturelle Kategorie zu verstehen ist, kann man sogar sagen, dass reden „über Kultur bereits als Teilhabe an der Kultur zu verstehen ist. Im Blick auf das Lernen fremder Sprachen hat dieser

Aspekt eine besondere Relevanz. Denn indem die fremde Sprache dem Einzelnen die Teilnahme an ursprünglich fremden Diskursgemeinschaften ermöglicht, erscheinen diese nunmehr subjektiv als Teil der eigenen Lebenswelt." (Decke-Cornill 2015: 232f.) Dieses bedeutet, dass das Aufnehmen von Gender und Trans* Themen in den Unterricht somit zu einem subjektiven Teil der Lebenswelt der Schüler*innen führen kann.

Das Thema Gender und Trans* eignet sich daher zur kritischen Reflexion und Auseinandersetzung mit der „fremden" bzw. „anderen" Kultur, diversen anderen Identitäten und Perspektiven und hierdurch können sich neue Sichtweisen auf die eigene Lebenswelt der Schüler*innen eröffnen. (vgl. König 2018:57)

Interkulturelles Lernen durch den Perspektivenwechsel

Laut Berliner Rahmenlehrplan trägt die interkulturelle kommunikative Kompetenz „zur Entwicklung einer interkulturell sensiblen, von Offenheit und Respekt geprägten Kommunikationsfähigkeit bei. Sie manifestiert sich in fremdsprachlichem Verstehen und Handeln. Dieses beruht auf dem Zusammenspiel von Wissen, Einstellungen und Bewusstheit. [...] Zum Bereich der Einstellungen zählen insbesondere die Bereitschaft und die Fähigkeit, anderen respektvoll zu begegnen, sich gleichermaßen offen und kritisch mit ihnen auseinanderzusetzen [...] Dies umfasst auch die Bereitschaft und Fähigkeit zum Perspektivwechsel." (RLP Teil C 2017: 10) Bei dem Erlernen von einer neuen Sprache erschließen sich kulturelle Zusammenhänge und dabei kann sich ein veränderter Blick auf zuvor unhinterfragte Selbstverständlichkeiten ergeben. Daher lässt sich die Thematisierung von Gender und Trans* gut mit dem interkulturellen Lernen verbinden und dem Perspektivenwechsel verbinden. „Der in diesem Kontext einzuübende Perspektivenwechsel lässt sich auch auf die kulturelle Kategorie „Geschlecht" beziehen. Die Dezentrierung von eigenen Vorstellungen und Einstellungen ist gerade angesichts ihrer Allgegenwärtigkeit, die unsere Wahrnehmung stark strukturiert, Voraussetzung dafür, dass die damit verbundenen Normen überhaupt erst als solche gesehen und reflektiert werden können." (vgl. König 2015: 4) Eine gelungene Methode im Unterricht um einen solchen Perspektivenwechsel vorzunehmen ist die „Hot-Seat Methode". Diese Methode eignet sich für Literatur- und Filmarbeit aber kann auch mit Erfahrungsberichten, wie die der bereits erwähnten LGBTQ Jugendlichen auf der Website http://wearetheyouth.org/profiles/ aufzufinden sind angewendet werden. Bei der Hot-Seat Methode sollen sich Schüler*innen in eine bestimme Figur hineinfühlen, denn so entwickeln sie ein tieferes Verständnis für den Charakter. Sie fühlen sich, an einem bestimmten Punkt, im Leben der Figur, in diese ein und überlegen die Handlung aus der Sicht des Charakters. Somit sind die Antworten auch aus der Perspektive der Person und nicht die eigenen. Der Perspektivwechsel ermöglicht, das sich-distanzieren von der eigenen Meinung, und kann nebenbei Empathie fördern, und forciert letztendlich die eigene Denkweisen anzupassen. Hier kann auch die Hemmschwelle bezüglich des Themas Gender und Trans* genommen werden und Mobbing vorgebeugt werden, denn den Schüler*innen ist vorher deutlich gemacht wurden, dass es sich nicht um die eigene Meinung handelt, sondern bewusst um die der Figur. Durch diese Methode können bestimmte Muster und Haltungen aufgebrochen werden, denn das was vorher vielleicht undenkbar und fremd bzw. anders war, wird hierdurch denkbar gemacht und zudem verbal geäußert. Es ermöglicht am Ende dann vielleicht doch eine Übertragung auf die eigene Lebenswelt, die sonst im Alltag durch eine kritische Sicht verstellt wird. Nach Dieter Geulens Theorie des sozialen Handelns entlehnt sich hier das Konzept des Perspektivenwechselns in Stadien. In der niedrigsten Stufe findet die Dezentrierung des eigenen Blickes mit der Identifizierung des Charakters statt, und eröffnet somit eine neue Sichtweise. Während des Hot-Seat Geschehens bedeutet die neue Perspektivenübernahme einen inhaltlichen Nachvollzug der fremden Perspektive. (vgl. Decke-Cornill 2014: 231) Bei der Methode des Hot-Seats, können den den Schüler*innen vorher sogenannte „tune-in questions" vorgelegt werden um die Perspektivenübernahme zu erleichtern und auch verstärken. Bei den Fragen kann man, wenn es spezifisch um eine Gender und Trans* Thematik geht die Fragen vorher so auswählen, und formulieren, dass sie den Schüler*innen das Einfühlen in die Figur und in die neue Perspektive erleichtern. Mögliche Fragen können sein „What are you afraid of? What do you worry about? How would you characterise yourself? What is your biggest problem at the moment? How are you going to cope with this problem? Where do you see yourself in 10 years time? What is your greatest wish at the moment? (Grieser-Kindel/Henseler/Möller 2016: 135) Im Falle eines Themas mit einer transgender Figur ermöglicht die Methode den Schüler*innen das Einfühlen in die Person und es wird die Vorstellung angeregt, wie es sich anfühlen muss in einem falschen Körper zu stecken, mit dem Druck, den man sich selber zufügt und auch gleichzeitig mit dem sozialen Druck umzugehen. Wenn der Denkprozess und der Perspektivenwechsel vollzogen ist, muss man die Gedanken verbalisieren und den anderen Mitschüler*innen mitteilen. Das Einnehmen einer anderen Perspektive und die Äußerungen aus der Perspektive heraus, können im Allgemeinen einen Bewusstseinswandel vorbereiten. Denn auch wenn eine andere Perspektive eingenommen wird, sind die Äußerungen doch immer ein Teil des eigenen Empfindens und auch Denkens und spiegeln diese somit wider. Der Perspektivenwechsel bleibt somit auch ein Teil des eigenen Denkens und Empfindens, und hierdurch eröffnen sich Möglichkeiten, dieses Empfinden und Denken in die eigene Lebenswelt zu übernehmen und diese dann zu akzeptieren. Durch den Perspektivenwechsel und der Methode, kann man im Fremdsprachenunterricht somit die Öffnung für das Fremde, in diesem Fall die Gender und Trans* Thematik, stärken. Es ist eine Möglichkeit Schüler*inne mit dem Trans* Thema zu sensibilisieren und bietet eine Grundlage dafür, dass die Schüler*innen ihre neuen, durch den Perspektivenwechsel eingenommenen, Haltungen und Meinungen in ihre eigene Lebenswelt übertragen.

Fazit

Wie man merkt, hat der Fremdsprachenunterricht durchaus das Potenzial das Thema Gender und Transsexualität im Unterricht aufzugreifen und zu behandeln. Gerade durch die Fremdsprache lassen sich Themen die in der Muttersprache oder Erstsprache tabuisiert sind anders behandeln. Das Thema hat einen Lebensweltbezug, und bietet daher authentische Sprachanlässe. Es können aktuelle Themen aus den Medien aufgegriffen werden, und diese von diversen Seiten beleuchtet werden. Mit Hilfe von Literaturarbeit (ob nun filmisch oder gelesen) und Methoden ermöglicht der Fremdsprachenunterricht einen Perspektivwechsel. Mit dem neuen Wissen über eine andere „Kultur", die nicht zweigeschlechtliche heteronormative Kultur, und der Erweiterung des Wissens und Verständnisses, ermöglicht der Fremdsprachenunterricht dadurch Vorurteile zu überwinden.
Der Berliner Rahmenlehrplan in Englisch (bis Klasse 10), hat das Themenfeld Individuum und Lebenswelt aufgelistet und als mögliche Themen werden hier

Persönlichkeit, individuelle Merkmale, Selbstbild und Identität aufgelistet, mit der Vertiefungsmöglichkeit von Biografien berühmter Persönlichkeiten. (RLP Teil C Englisch 2017: 34) Auch, wenn nicht direkt auf Gender und Trans* Themen hingedeutet wird, sind die Themen so offen formuliert, dass Trans* und Gender als Unterrichtsgegenstand im Fremdsprachenunterricht einfließen kann. Denn wenn dieses passiert „lernen [die Schüler*innen], anderen Menschen Empathie, Achtung und Wertschätzung in einem Klima des sozialen und kooperativen Umgangs entgegenzubringen. Auf diese Weise entwickeln die Kinder und Jugendlichen eine Haltung, die es ihnen ermöglicht, Vielfalt als selbstverständlich und als Bereicherung wahrzunehmen. Sie erwerben die Fähigkeit, sich eigene, tatsächliche und zugeschriebene Merkmale bewusstzumachen, die eigene Lebenssituation und Lebensweise zu reflektieren und einen Perspektivwechsel im Hinblick auf die Lebenssituationen anderer vorzunehmen." (RLP Teil B 2017: 25)

Somit trägt der schulische Fremdsprachenunterricht einen wichtigen Teil zur Sexualerziehung, Bildung zur Akzeptanz und Vielfalt und der Gleichstellung der Gleichberechtigung der Geschlechter und bietet diverse Möglichkeiten und auch Potenziale das Thema Gender und Trans* zu behandeln. Prinzipiell ermöglicht der Fremdsprachenunterricht dadurch Schüler*innen auf ihrem Weg „eine Grundlage der Achtung der Unveräußerlichkeit der Menschenwürde fundierte Haltung in Bezug auf den Umgang mit Unterschieden und Gemeinsamkeiten [aufzunehmen] wodurch sie gesellschaftliche Vorstellungen von Normalität und Abweichungen [...] reflektieren." (RLP Teil B 2017: 25) Damit ist ein erster Schritt getan, um Situationen, bzw. Fragen wie „Is she **really** a woman?" in Zukunft vermeiden zu können.

Literaturverzeichnis

Decke-Cornill, Helene. "Identities that cannot exist": Gender Studies und Literaturdidaktik." In: Bredella, Delaunay, Surkamp, Carola, eds. *Literaturdidaktik im Dialog.* Tübingen: Narr, 2004, S.181–206.

Decke-Cornill, Helene, and Lutz Küster. *Fremdsprachendidaktik.* Tübingen: Narr, 2014.

Grieser-Kindel, Christin, Henseler, Roswitha, Möller, Stefan. *Method Guide 1, Methoden für den Englischunterricht Klasse 5-13.* Paderborn: Schöningh, 2016.

König, Lotta. *Gender-Reflexion mit Literatur im Englischunterricht.* Wiesbaden: B.Metzler, 2018.

König, Lotta. „Teaching Gender Reflection! Theoretische Grundlagen und literaturdidaktische Unterrichtsbeispiele für einen genderreflektierenden Englischunterricht." In: Wedl, Juliette Bartsch, Annette. *Teaching Gender? Zum reflektierten Umgang mit Geschlecht im Schulunterricht und in der Lehramtsausbildung.* Bielefeld: Transcript, 2015. S. 261-287

König, Lotta, Surkamp Carola, Decke-Cornill, Helene. „Negotiating Gender. Aushandlungs- und Reflexionsprozesse über Geschlechtervorstellungen im Fremdprachenunterricht anstoßen" Der fremdsprachliche Unterricht Englisch 135 (2015), S. 2-8.

Lewin, Sonja. „Mit Bildern das Thema Gender bearbeiten. Praxisanregungen für den Englisch- und Französisch Unterricht der Sekundarstufe II." In: Wedl, Juliette Bartsch, Annette. *Teaching Gender? Zum reflektierten Umgang mit Geschlecht im Schulunterricht und in der Lehramtsausbildung.* Bielefeld: Transcript S.289-310

Merse, Thorsten. „I identify as queer. Mit queer autobiographical narratives Identitätsentwürfe erkunden." Der fremdsprachliche Unterricht Englisch 135 (2015), S. 32-37.

Wedl, Juliette und Bartsch, Annette. *Teaching Gender? Zum reflektierten Umgang mit Geschlecht im Schulunterricht und in der Lehramtsausbildung.* Bielefeld: Transcript, 2015.

Online

Senatsverwaltung für Bildung, Jugend und Sport Berlin (Hrsg.): Rahmenlehrplan. Teil B. Fächerübergreifende Kompetenzentwicklung. 2017. (zuletzt aufgerufen: 15.2.2018)

Senatsverwaltung für Bildung, Jugend und Sport Berlin (Hrsg.): Rahmenlehrplan. Teil C. Moderne Fremdsprachen. 2017. (zuletzt aufgerufen: 15.2.2018)

http://wearetheyouth.org/profiles/ (zuletzt aufgerufen: 15.2.2018)